AF250622

NOTICE HISTORIQUE

SUR

LA MAISON

DE KERGORLAY.

PUBLIÉE

PAR MM. TISSERON ET DE QUINCY.

BIBLIOTHÈQUE ROYALE

PARIS

AU BUREAU DE L'ADMINISTRATION,

RUE DU FAUBOURG SAINT-MARTIN, 61.

1846

MAISON

DE KERGORLAY.

La maison DE KERGORLAY, comme ancienneté, remonte très haut dans l'histoire de France et dans celle de Bretagne. Depuis six à sept cents ans, les titres de cette illustre famille se trouvent mêlés aux grands actes politiques et guerriers de cette province. Alliés avec les maisons de Rieux, de Rohan, de Montfort-Laval et de Beaumanoir, etc., les seigneurs de Kergorlay ont toujours été renommés pour leur fidélité à leurs princes légitimes. Nous citerons le dévouement de JEAN DE KERGORLAY, qui *tint à honneur* de se faire tuer à Auray, aux côtés de Charles de Blois, qu'il ne pouvait sauver. A cette époque, la maison de Kergorlay était donc regardée comme l'une des principales maisons de Bretagne, et l'un de ses plus grands titres nobiliaires est d'avoir fourni une ascendante à la maison de Bourbon, en la personne de Jeanne de Kergorlay, qui fut aïeule au huitième degré du roi Henri IV.

En 1057 vivaient David de Kergorlay, chevalier, et le sire de Kergorlay, banneret de Bretagne. Ce dernier prit place le vingtième des bannerets, après les neuf prélats et les neuf barons de Bretagne. David de Kergorlay eut rang le onz'ème parmi les chevaliers.

En 1096, un Jean de Kergorlay, dont le degré de parenté avec les précédents n'est pas connu, partit pour la Palestine avec Robert, duc de Normandie, et Alain Fergent, duc de Bretagne, comme il se justifie par un titre du château de Vitré, qui paraît avoir été écrit au douzième siècle.

Ce n'est qu'un peu avant 1137 que commence la filiation régulière des sires de Kergorlay. I. Pierre Ier de Kergorlay, de son mariage avec Marguerite de Penthièvre, eut :

II. Hervé de Kergorlay qui eut pour fils : III. Pierre II de Kergorlay qui devint grand-sénéchal du duc de Bretagne en Cornouailles et Poher, fut père de : IV. Hervé de Kergorlay dont la sœur Annette épousa Conan Ier, chambellan du duc de Bretagne. Hervé eut pour fils : 1° Pierre de Kergorlay qui suit, 2° Geoffroy de Kergorlay, chevalier, à qui Jean Le Roux, duc de Bretagne, fit compter cent livres pour subvenir aux frais de son départ pour la croisade.

V. Pierre de Kergorlay, sénéchal du duché de Bretagne, suivit, comme son frère Geoffroy, Jean Le Roux à la croisade de Tunis. Ce dernier, dans l'estime et dans l'affection duquel il paraît avoir occupé une place distinguée, lui prêta mille livres tournois (somme considérable alors). Pierre de Kergorlay, de son mariage avec Thomase de Lanvaux, eut : 1° Jean Ier de Kergorlay qui suit ; 2° Rolland de Kergorlay, qui fut l'un des seigneurs amis d'Alain Nuz, qui jetèrent à Hervé de Léon, soupçonné du meurtre d'Alain, leur gage de bataille. Le duc de Bretagne, par jugement solennel, en 1296, fit cesser leurs poursuites, et fit payer par Hervé à ce seigneur deux mille livres tournois pour indemnité. Il est probable qu'il faut entendre par *amis*, *amis charnels*, et que Rolland était sans doute parent d'Alain Nuz ; 3° Pierre de Kergorlay, clerc et chevalier.

VI. Jean Ier de Kergorlay, chevalier, banneret de Bretagne, fut l'un des vingt-six hauts-seigneurs bretons auxquels le roi Philippe-le-Bel adressa en 1304 des lettres personnelles pour les convoquer à lui faire service dans la guerre de Flandre. Il épousa N. d'Avaugour. De ce mariage il eut trois fils : 1° Pierre IV de Kergorlay qui suit ; 2° Jean de Kergorlay qui mourut avant 1240 ; 3° Henri de Kergorlay, seigneur de Lossulien, du chef de sa mère, transmit cette terre à son fils Jean, premier seigneur du Cludon, qui imposa à son fils ses armes personnelles, à l'exclusion des armes de Lossulien qui étaient Cornouailles.

A l'extinction de la branche aînée des Kergorlay, nous reprendrons la généalogie des seigneurs du Cludon qui ont continué la postérité et dont sont issus MM. de Kergorlay actuels.

VII. Pierre IV de Kergorlay, chevalier, épousa Jeanne de Rohan. De ce mariage naquit : VIII. Jean II de Kergorlay, qui épousa Jeanne de Rieux. Jean de Kergorlay mourut en 1335, selon du Paz et le père Anselme, et fut inhumé avec sa femme au couvent des religieux de la Trinité, à Rieux. Les deux époux laissèrent trois enfants : 1º Jean III de Kergorlay dont l'histoire suivra ; 2º Isabelle de Kergorlay, mariée à Sylvestre, seigneur de la Feuillie ; 3º Yvon de Kergorlay, qui servit en 1351, avec son frère Jean III, dans la compagnie de sire de Beaumanoir. IX. Jean III de Kergorlay, seigneur de Kergorlay, devenu, en 1352, capitaine d'une compagnie de deux chevaliers, cinq écuyers et dix archers, alla rejoindre, avec le sire de Rieux, le vicomte de Rohan, le comte de la Marche et quelques autres seigneurs bretons, les troupes que le roi Jean envoyait en Bretagne, sous la conduite du maréchal de Nesle. Jean de Kergorlay, après la bataille de Mauron, s'attacha étroitement au parti de Charles de Blois, aux côtés duquel il périt vaillamment à la bataille d'Auray, en soutenant la cause de ce malheureux prince, qui trouva la mort dans cette affaire où succombèrent aussi les plus grands seigneurs de la Bretagne (Du Châtelet, p. 79). Jean de Kergorlay, de son mariage avec Marie de Léon, ne laissa que deux filles : la première, Jeanne de Kergorlay, mariée à Raoul IX, sire de Montfort ; Jeanne de Montfort-Laval, petite-fille de Jeanne de Kergorlay, épousa Louis de Bourbon, comte de Vendôme, qui en eut Jean de Bourbon, trisaïeul paternel de Henri IV. La seconde, Aliénor de Kergorlay, épousa messire Jean de Beaumanoir. Ce fut ainsi par ces deux mariages que la branche aînée de la maison Kergorlay se fondit dans celles de Montfort-Laval et de Beaumanoir.

VIII. Jean IV de Kergorlay, chevalier, sire de Kervoda, fils de Henri de Kergorlay, et par conséquent petit-fils de Jean Ier de Kergorlay, vivait en 1340. Il épousa Alix Buzic, dame du Cludon, du Breil et de Keriavily, qui apporta cette terre du Cludon dans la maison des Kergorlay. De ce mariage naquirent : 1° Thibaud de Kergorlay qui suit, 2° Rolland de Kergorlay, 3° Henri de Kergorlay.

IX. Thibaud de Kergorlay, seigneur du Cludon, mourut avant 1444, laissant de son mariage avec Isabeau de Tournemine :

X. Jean V de Kergorlay, seigneur du Cludon, marié à Aliette de Coëtquenan, servit le roi de France contre les Anglais, et fut fait prisonnier en 1427, pendant le siége de Pontorson. Il laissa un fils, Jean de Kergorlay et une fille Jeanne de Kergorlay.

XI. Jean VI de Kergorlay, seigneur du Cludon, épousa en premières noces Margot de Plusquellec, issue des anciens comtes de Pohaer, du sang des ducs de Bretagne, et en secondes noces, Marguerite de Begaignon, veuve de messire Henri de Plusquellec. Jean VI eut de son premier mariage : 1⁰ Jean de Kergorlay, 2⁰ Catherine de Kergorlay, 3⁰ (du second lit) Vincent de Kergorlay.

XII. Jean VII de Kergorlay, seigneur du Cludon, épousa, le 28 août 1469, Marguerite de Boiséon, de l'antique maison de ce nom. De cette union naquirent : 1⁰ Rolland de Kergorlay qui suit, 2⁰ Béatrix de Kergorlay, et 3⁰ Anne de Kergorlay.

XIII. Rolland de Kergorlay, seigneur du Cludon, prêta, en 1524, serment de fidélité au roi François I⁰ʳ, administrateur du duché de Bretagne. De son mariage avec Jeanne Riou, il eut :

XIV. Amaury de Kergorlay qui épousa Françoise de Kerguisiau. Amaury et sa femme moururent avant 1575, laissant pour enfants : outre Jean de Kergorlay qui continua la branche des seigneurs du Cludon, aujourd'hui éteinte, Vincent de Kergorlay, à la filation duquel nous nous attacherons, et de qui descendent MM. de Kergorlay actuels.

XV. Vincent de Kergorlay mourut en 1608, laissant de son mariage avec damoiselle Françoise Le Chevoir :

XVI. Jean VIII de Kergorlay, marié, en 1619, à damoiselle Mauriette Simon, dame du Chastel. Il laissa de son premier mariage Claude de Kergorlay, père de Bernard-Claude de Kergorlay, qui continua la branche des seigneurs de Tromenec, aujourd'hui éteinte, et Raymond de Kergorlay, lieutenant des vaisseaux du roi. De son second mariage il laissa aussi deux fils : 1° Jean, ascendant direct de MM. de Kergorlay actuels, dont l'article va suivre, et 2° Charles de Kergorlay, qui fut tonsuré et pourvu d'un bénéfice.

XVII. Jean IX de Kergorlay, chevalier, seigneur de Kersalann, épousa, le 3 août 1665, damoiselle Marie de Kerlech, dame de la Villeneuve, Recervo, etc. Il mourut en 1701, à l'âge de 64 ans, laissant pour fils :

XVIII. Charles-Louis de Kergorlay, chevalier, comte de Kergorlay, né le 21 juillet 1678. Il épousa, le 22 novembre 1710, haute et puissante dame Marie-Françoise-Louise des Nos. De ce mariage était issu :

XIX. Alain-Marie de Kergorlay, comte de Kergorlay, brigadier des armées du roi, capitaine au régiment des gardes-françaises, chevalier de Saint-Louis, est né le 17 octobre 1715. On peut dire que le comte de Kergorlay gagna successivement tous ses grades sur les champs de bataille. Il fut blessé grièvement à Fontenoy, et ne dut la vie qu'au dévouement de son domestique. Le comte épousa, en 1766, Marie-Joséphine de Boisgelin. En 1784, il fut promu au grade de lieutenant-général. Le comte de Kergorlay mourut à Paris, le 3 février 1787. De son mariage sont nés : 1° Gabriel-Louis-Marie de Kergorlay, dont nous parlerons plus bas, et Louis-Florian-Paul de Kergorlay, dit le comte Florian de Kergorlay.

Louis-Florian-Paul de Kergorlay, comte de Kergorlay, pair de France (non siégeant par refus de serment), ancien officier de cavalerie, chevalier de Saint-Louis, est né le 26 avril 1769. Dix ans plus tard, en 1779, le comte Florian de Kergorlay fut reçu chevalier de justice de l'ordre de Malte, par bref de minorité. Au commencement de la révolution, nous trouvons le jeune Florian de Kergorlay déjà investi du grade de capitaine dans le régiment de cavalerie de commissaire-général. A ce moment, il fallait se décider et choisir un parti, M. de Kergorlay n'hésita pas un moment à embrasser la cause royale, et en 1792 il fit la campagne de Champagne avec les frères du roi. Cette campagne, qui fut très courte, comme chacun sait, laissa à M. de Kergorlay le loisir de continuer ses voyages, qu'il n'avait interrompus que pour venir offrir ses services à la cause du malheureux Louis XVI. En 1814, le roi fit M. de Kergorlay chevalier de Saint-

Louis. Lorsque parut, dans les Cent-Jours, l'acte additionnel aux constitutions de l'empire, M. de Kergorlay se décida à voter contre l'acceptation de cet acte, et publia une Lettre qui pouvait susciter des poursuites contre son auteur. Napoléon laissa M. de Kergorlay parfaitement libre ; mais un mois après un nouvel écrit du comte de Kergorlay : *Des lois existantes et du décret du 9 mai 1815*, détermina l'Empereur à faire arrêter l'imprimeur et l'auteur. A la place de Florian de Kergorlay, son frère, Gabriel de Kergorlay, fut arrêté. A ce sujet, plusieurs biographes, entre autres Courcelles et la Biographie Norvins, ont publié diverses notices, où ils faisaient entendre que M. Florian de Kergorlay aurait laissé son frère subir pour lui une détention indéterminée. Hâtons-nous de détruire cette fâcheuse supposition qui pourrait ternir l'honneur intact du comte Florian, en disant que l'identité de son frère ayant été reconnue, le comte Gabriel de Kergorlay fut mis en liberté le surlendemain.

En 1815, le comte Florian fut élu député par le collége électoral de l'Oise, réélu en 1820, puis en 1822. M. de Kergorlay fut appelé à la Chambre haute par Louis XVIII, le 23 décembre 1823. 1830 venu et les journées de juillet ayant renversé la branche aînée, M. de Kergorlay, alors que Charles X était en exil, voulut encore donner à son roi une dernière preuve de ce dévouement qui n'avait jamais faibli chez lui, ni chez aucun membre de sa famille. En arrivant de Bruxelles, dès le 9 août, il écrivit à M. Pasquier. Le président de la Chambre des pairs ayant refusé l'insertion de sa lettre au procès-verbal de la séance, M. de Kergorlay fit alors insérer dans la *Gazette de France* et dans la *Quotidienne* la fameuse Lettre qui commençait par ces mots : « Quatre vingt-sept pairs, etc. » Cette lettre fut dénoncée par M. Montalivet à la Chambre des pairs. Chacun sait le fameux procès qu'elle occasionna à M. de Kergorlay. Considéré comme pair, il fut cité à la barre de la Chambre, et malgré la brillante plaidoirie de M⁰ Berryer, il fut condamné à 500 fr. d'amende et à six mois de prison. Il paya son amende et fit ses six mois de prison.

En 1833, M. de Kergorlay comparut sur les bancs de la Cour d'assises, comme l'auteur d'une lettre insérée le 12 novembre dans la *Quotidienne*, lettre dans laquelle le ministère public vit le délit d'attaque aux droits que le roi tient du vœu de la nation, exprimé dans la déclaration du 7 août 1830. Malgré le fulminant réquisitoire de M. Aylies, M. de Kergorlay fut acquitté.

En 1836, il fut de nouveau cité en Cour d'assises pour sa lettre insérée dans la *Quotidienne*, à propos des vingt-trois Vendéens qui devaient être jugés aux assises de Niort, et dont l'accusation demandait les têtes. Cette nouvelle lettre, considérée comme renfermant une excitation à la révolte et paraissant établir la guerre de Vendée, comme une guerre légitime, valut à son auteur quatre mois de prison et 2,000 francs d'amende. Dans cette brève mais fidèle narration de la vie de M. le comte Florian de Kergorlay, on peut voir qu'il n'a jamais cessé un moment d'avoir les mêmes sentiments d'honneur et de loyauté politique qui ont toujours animé ses ancêtres et le reste de la famille existante des Kergorlay. De son mariage avec mademoiselle de la Luzerne, le comte Florian a eu trois enfants, un fils et deux filles. Son fils Louis-Gabriel-César comte de Kergorlay, après avoir servi jusqu'en 1830 comme officier d'artillerie et pris une part active à la conquête d'Alger, se refusa à prêter serment après la loi du 30 août, et fut considéré comme démissionnaire. Arrêté sur le *Carlo-Alberto*, comme chacun sait, et traduit devant la Cour de Montbrison, il fut acquitté avec tous ses co-accusés.

Tout récemment, le comte Louis-Gabriel-César de Kergorlay vient d'épouser, le 12 janvier 1846, mademoiselle Mathilde de Saumery, fille du comte et de la comtesse de Saumery, d'une des plus anciennes familles de la Navarre. Les Saumery actuels descendent, par l'une de leurs aïeules, de l'illustre maison de Lacarre, issue elle-même des anciens rois de Navarre. Elle porte par cette raison, dans ses armes, celles de Navarre et celles de Béarn. Transplantée dans le Blaisois, au seizième siècle, la maison de Saumery a fourni de père en fils, depuis cette époque, huit gouverneurs du châeau royal de Chambord. Dans les bonnes graces du vainqueur d'Arques et d'Ivry, Henri IV a trouvé dans le nom de cette famille, qui lui avait été toujours fidèle, l'anagramme suivant qu'il lui a donné pour devise : AMY SEUR. Ce dernier mot est l'ancien mot français *sûr*.

Nous allons maintenant revenir à la branche aînée.

XX. Gabriel-Louis-Marie de Kergorlay, comte de Kergorlay, pair de France, ancien officier de cavalerie, chevalier de Saint-Louis, naquit le 11 décembre 1766. Il épousa en 1787 Marie-Elisabeth-Justine de Faudoas, dont la famille compte Barbazan au nombre de ses membres, et qui doit à cette illustration le droit de porter dans ses armes *mi-partie de France*. Présentée peu de temps après son mariage à la cour de Marie-Antoinette, elle fut nommée en 1788 dame pour accompagner Madame comtesse de Provence.

MM. Louis et Florian de Kergorlay sont montés dans les carosses du roi les 7 novembre 1785 et 21 avril 1787. (Voy. le tome II du *Mémorial historique de la noblesse*, p. 36 et 38.)

Avant d'avoir été promu au titre de pair de France, le comte Gabriel-Louis a été député de la Manche, de **1820** à **1827**.

Le comte Gabriel-Louis de Kergorlay mourut le 24 mars **1830**, laissant deux fils : 1° Jean-Florian Hervé de Kergorlay, et 2° Pierre-Ernest-Alain, comte de Kergorlay.

XXI. L'aîné de la branche aînée des Kergorlay, Jean-Florian-Hervé de Kergorlay, né en **1803**, a épousé mademoiselle Louise d'Hervilly, fille de M. le comte d'Hervilly et de madame la comtesse d'Hervilly, née d'Hervilly elle-même. M. le comte Hervé de Kergorlay est membre du conseil-général des hospices de Paris.

Le comte Pierre-Ernest-Alain de Kergorlay a épousé, en **1840**, mademoiselle Octavie de Mérona, fille de M. Albert de Mérona, ancien chargé d'affaires de France dans plusieurs cours de l'Europe, et de mademoiselle Nompère de Champagny. De ce mariage est né, en **1841**, le comte Florian-Henri-Marie-Raymond de Kergorlay.

Les armes de la maison de Kergorlay, seule et unique de ce nom, sont : *Vairées d'or et de gueules.* Sa devise est : AYDE-TOI, KERGORLAY, ET DIEU T'AYDERA.

H. L.

2303   Impr. de MAULDE et RENOU, rue Bailleul, 9—11.

www.ingramcontent.com/pod-product-compliance
Lightning Source LLC
Chambersburg PA
CBHW051508060726
47596CB00007B/2971